школа - sakola	2
падарожжа - lalampahan	5
транспарт - transportasi	8
горад - kota	10
краявід - pamandangan	14
рэстаран - restoran	17
супермаркет - supermarkét	20
напоі - inuman	22
ежа - dahareun	23
сядзіба - pertanian	27
дом - imah	31
жылы пакой - rohang tamu	33
кухня - dapur	35
ванная - kamar ibak	38
дзіцячы пакой - kamar budak	42
адзенне - acuk	44
офіс - kantor	49
эканоміка - ékonomi	51
прафесіі - pagawéan	53
інструменты - alat	56
музычныя інструменты - alat musik	57
заапарк - kebon binatang	59
спорт - olahraga	62
дзейнасць - aktivitas	63
сям'я - kulawarga	67
цела - awak	68
шпіталь - rumah sakit	72
экстраная дапамога - darurat	76
Зямля - Bumi	77
гадзіннік - jam	79
тыдзень - minggu	80
год - taun	81
формы - bentuk	83
колеры - warna-warna	84
супрацьлегласці - sabalikna	85
лічбы - angka-angka	88
мовы - basa-basa	90
хто / што / як - saha / naon / kumaha	91
дзе - di mana	92

Impressum
Verlag: BABADADA GmbH, Nedderfeld 112 , 22529 Hamburg
Geschäftsführer / Verlagsleitung: Harald Hof
Druck: Books on Demand GmbH, In de Tarpen 42, 22848 Norderstedt

Imprint
Publisher: BABADADA GmbH, Nedderfeld 112 , 22529 Hamburg, Germany
Managing Director / Publishing direction: Harald Hof
Print: Books on Demand GmbH, In de Tarpen 42, 22848 Norderstedt

школа
sakola

класны пакой / rohang kelas

дзяліць / bagi

дошка / papan

школьны двор / pakarangan sakola

настаўнік / guru

папера / kertas

пісаць / nyerat / nulis

ручка / kalam

пісьмовы стол / méja gawé

лінейка / jidar

кніга / buku

вучань / murit

ранец
tas sakola

пенал
wadah potlot

просты аловак
potlot

тачылка для алоўкаў
rautan potlot

гумка
pamupus

альбом для малявання
kertas gambar

малюнак
gambar

пэндзлік
kuas cét

фарбы
kotak cét

нажніцы
gunting

клей
lém

сшытак
buku latihan

хатняе заданне
péér

лік
angka

дадаваць
nambahkeun

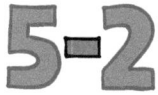

адымаць
kurang

множыць
kali

лічыць
ngitung

літара
surat

алфавіт
alpabét

словы
kecap

школа - sakola

тэкст	чытаць	крэйда
téks	maca	kapur

 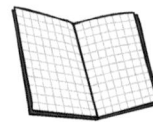 

ўрок	класны журнал	экзамен
palajaran	daptar	ujian

атэстат	школьная форма	адукацыя
sértipikat	saragam sakola	atikan

энцыклапедыя	універсітэт	мікраскоп
énsiklopédi	univérsitas	mikroskop

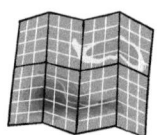 

карта	смеццевы кошык
peta	wadah runtah

падарожжа
lalampahan

гатэль
hotél

хостэл
hostél

абменны пункт
kantor pertukaran mata uang

чамадан
koper

аўтамабіль
mobil

мова
basa

так / не
muhun / henteu

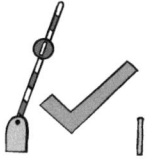

добра
oké

прывітанне!
hei

перекладчык
panarjamah

дзякуй
hatur nuhun

падарожжа - lalampahan

Колькі каштуе....?
sabaraha hargana...?

я не разумею
abdi teu ngartos

праблема
masalah

Добры вечар!
Wilujeng wengi!

Добрай раніцы!
Wilujeng siang!

Дабранач!
Wilujeng wengi!

да пабачэння
mugi patepang deui

кірунак
arah

багаж
bagasi

сумка
kantong

заплечнік
ransel

госць
tamu

пакой
rohang

спальны мяшок
kantong saré

палатка
tenda

падарожжа - lalampahan

інфармацыя для турыстаў	пляж	крэдытная картка
informasi wisata	pantai	kartu krédit

снеданне	абед	вячэра
sarapan	dahar beurang	dahar peuting

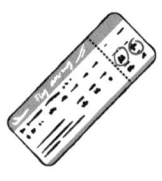  

праязны білет	ліфт	паштовая марка
tikét	lift	perangko

мяжа	мытня	пасольства
wates	cukai	kedutaan

віза	пашпарт
visa	paspor

падарожжа - lalampahan

транспарт
transportasi

самалёт
kapal terbang

карабель
parahu motor

пажарная машына
mobil pemadam kebakaran

аўтобус
beus

грузавік
treuk

маторная лодка
parahu motor

аўтамабіль
mobil

ровар
sapeda

паром
kapal féri

лодка
parahu

матацыкл
sapeda motor

паліцэйская машына
mobil pulisi

гоначны аўтамабіль
mobil balap

арэндаваны аўтамабіль
mobil nyéwa

сумеснае карыстанне аўтамабілем
mobil babarengan

эвакуатар
treuk dérék

смеццявоз
treuk runtah

матор
motor

паліва
bahan bakar

запраўка
bénsin

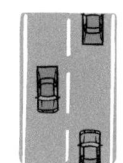
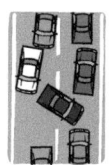

дарожны знак
tanda lalulintas

дарожны рух
lalulintas

затор
macét

паркоўка
parkir mobil

чыгуначная станцыя
stasiun karéta

рэйкі
trék

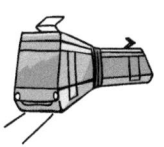

цягнік
karéta api

трамвай
tram

вагон
garobag

верталёт
hélikopter

аэрапорт
bandara

вежа
munara

пасажыр
panumpang

кантэйнер
konténer

кардонная скрыня
karton

тачка
troli

карзіна
karanjang

ўзлятаць / прызямляцца
terbang / landas

горад
kota

вёска
kampung

цэнтр горада
tengah kota

дом
imah

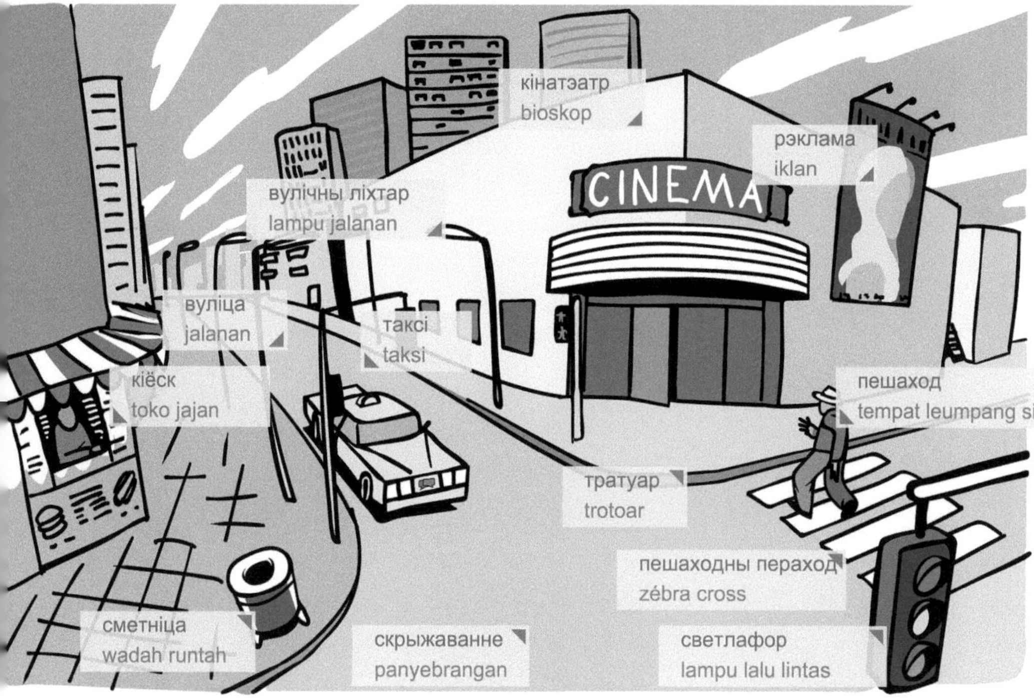

кінатэатр
bioskop

рэклама
iklan

вулічны ліхтар
lampu jalanan

вуліца
jalanan

таксі
taksi

кіёск
toko jajan

пешаход
tempat leumpang sis

тратуар
trotoar

сметніца
wadah runtah

скрыжаванне
panyebrangan

пешаходны пераход
zébra cross

светлафор
lampu lalu lintas

халупа

gubuk

кватэра

imah flat

чыгуначная станцыя

stasiun karéta

ратуша

balai kota

музей

museum

школа

sakola

горад - kota

унівэрсітэт
univérsitas

банк
bank

шпіталь
rumah sakit

гатэль
hotél

аптэка
farmasi

офіс
kantor

кнігарня
toko buku

крама
toko

кветкавая крама
toko kembang

супермаркет
supermarkét

кірмаш
pasar

універмаг
swalayan

рыбная крама
nalayan

гандлевы цэнтр
pusat balanja

порт
palabuan

парк
kebon

лава
korsi

мост
sasak

лесвіца
tangga

метро
kareta bawah tanah

тунэль
torowongan

прыпынак
halte beus

бар
bar

рэстаран
restoran

паштовая скрыня
kotak surat

вулічны паказальнік
tanda jalan

паркамат
meteran parkir

заапарк
kebon binatang

басейн
kolam renang

мячэць
masigit

сядзіба
pertanian

забруджванне навакольнага асяроддзя
polusi

могілкі
kuburan

царква
gareja

пляцоўка для гульні
tempat ulin

храм
pura

краявід
pamandangan

- ліст — daun
- паказальнік — panunjuk arah
- дарога — jalanan
- луг — ladang jukut
- камень — batu
- дрэва — tangkal
- падарожнік — tukang leumpang
- рака — susukan
- трава — jukut
- кветка — kembang

даліна
lengkob

гара
bukit

возера
tasik

лес
leuweung

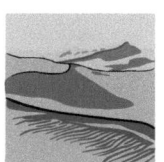

пустыня
gurun

вулкан
gunung marapi

замак
karaton

вясёлка
katumbiri

грыб
suung

пальма
tangkal palem

камар
reungit

муха
laleur

мурашка
sireum

пчала
nyiruan

павук
lamat lancah

краявід - pamandangan

жук
nyiruan

жаба
bangkong

вавёрка
bajing

вожык
landak

заяц
kalinci

сава
bueuk

птушка
manuk

лебедзь
soang

дзік
bagong

алень
kijang

лось
kijang

плаціна
bendungan

вятрак
turbin angin

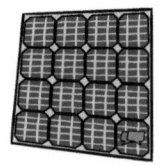

сонечная батарэя
panél surya

клімат
iklim

краявід - pamandangan

рэстаран
restoran

- афіцыянт / badega
- меню / menu
- крэсла / korsi
- суп / sop
- піца / pitsa
- сталовыя прыборы / parkakas dahar
- абрус / taplak

закуска
hidangan pembuka

другая страва
hidapan utama

дэсерт
hidangan penutup

напоі
inuman

ежа
dahareun

бутэлька
botol

рэстаран - restoran

хуткае харчаванне (фаст-фуд)
dahareun cepat saji

стрыт-фуд
jajanan sisi jalan

імбрык (чайнік)
téko téh

цукарніца
wadah gula

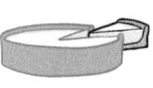

порцыя
porsi

эспрэса-машына
mesin éspréso

дзіцячае крэселка
korsi jangkung

рахунак
tagihan

паднос
baki

нож
péso

відэлец
garpu

лыжка
séndok

чайная лыжка
séndok téh

сурвэтка
serbét

шклянка
gelas

18   рэстаран - restoran

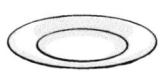
талерка
piring

супавая талерка
mangkok sop

сподак
pisin

соус
saos

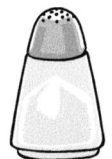
сальніца
wadah uyah

млынок для перцу
panggiling pedes

воцат
cuka

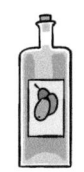
алей
minyak

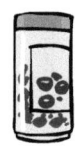 
спецыі
bumbu

кетчуп
saos tomat

гарчыца
mustard

маянэз
mayonés

супермаркет

supermarkét

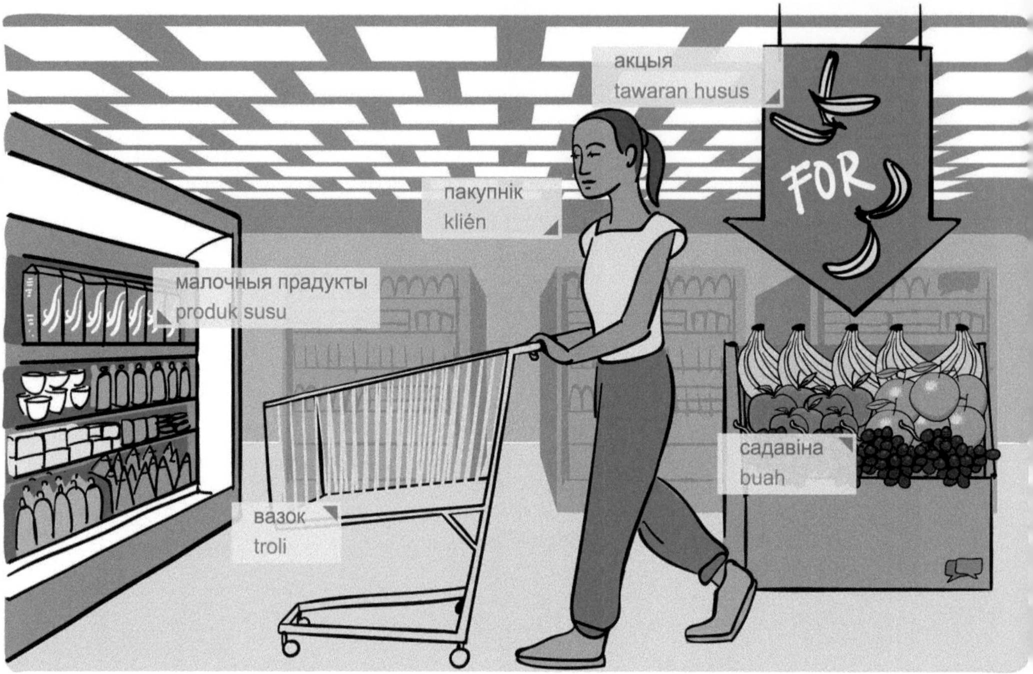

акцыя
tawaran husus
FOR
пакупнік
klién
малочныя прадукты
produk susu
садавіна
buah
вазок
troli

BUTCHERS

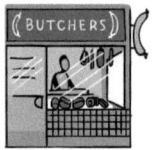

мясная крама

tukang meuncit

BAKERY

хлебны магазін

toko roti

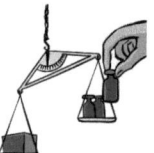

важыць

nimbang

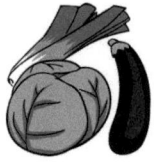

гароднiна

sayur

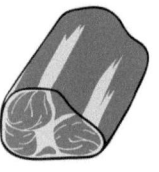

мяса

daging

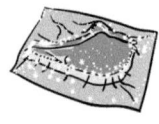

свежазамарожаныя прадукты

tuangeun beku

нарэзка
alat potong daging

кансервы
dahareun kaléng

пральны парашок
sabun serbuk

прысмакі
permén

хатнія прылады
perkakas rumah tangga

чысцячы сродак
produk pembersih

прадавец
tukang jualan

каса
kasa

касір
kasir

спіс пакупак
daftar balanja

гадзіны працы
jam buka

бумажнік
dompét

крэдытная картка
kartu krédit

сумка
kantong

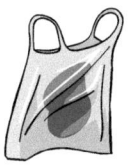
пакет
kantong palastik

супермаркет - supermarkét

напоі
inuman

вада
cai

сок
jus

малако
susu

кола
kola

віно
anggur

піва
arak

алкаголь
arak

какава
coklat

гарбата (чай)
téh

кава
kopi

эспрэса
éspréso

капучына
kapucino

ежа
dahareun

банан
pisang

яблык
apel

апельсін
jeruk

дыня
samangka

лімон
lémon

морква
wortel

часнок
bawang bodas

бамбук
awi

цыбуля
bawang bombai

грыб
suung

арэхі
suuk

локшына
emih

спагеці spagéti	рыс sangu	салата salat

бульба фры kentang goréng	смажаная бульба kentang goréng	піца pitsa

гамбургер hamburger	бутэрброд roti lapis	шніцаль sakeureut daging

вяндліна ham	салямі salami	каўбаса sosis

курыца hayam	смажаніна ngagoreng	рыбак lauk

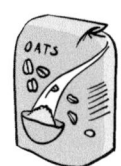

аўсяныя камякі

bubur gandum

мюслі

séréal

кукурузныя шматкі

cornflakes

мука

tarigu

круасан

croissant

булачка

roti

хлеб

roti

тост

roti panggang

пячэнне

biskuit

масла

mantéga

тварог

dadih

пірог

kuéh

яйка

endog

яечня

goréng endog

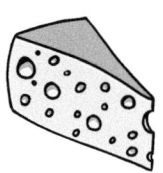

сыр

keju

ежа - dahareun

марожанае	цукар	мёд
eskrim	gula	madu

варэнне	нуга	кары
selé	krim coklat	karé

ежа - dahareun

сядзіба
pertanian

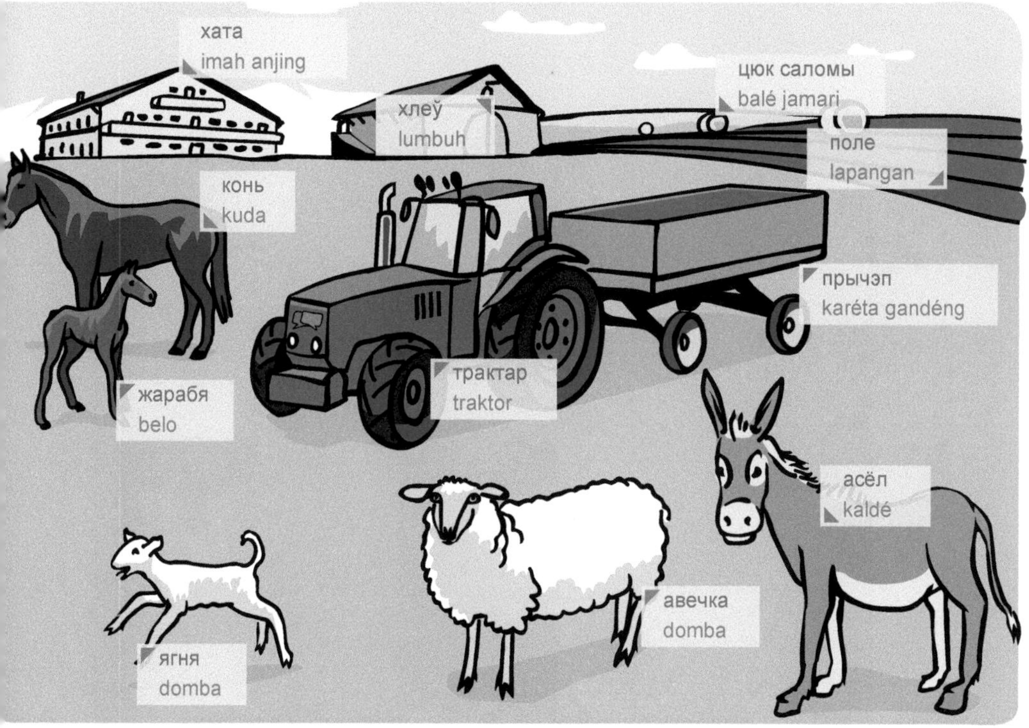

хата / imah anjing
цюк саломы / balé jamari
хлеў / lumbuh
поле / lapangan
конь / kuda
прычэп / karéta gandéng
жарабя / belo
трактар / traktor
асёл / kaldé
авечка / domba
ягня / domba

каза
embé

карова
sapi

цяля
bitis

свіння
bagong

парася
babi

бык
banténg

гусак
soang

качка
éntog

кураня
pitik

курыца
hayam

певень
hayam jago

пацук
beurit

кот
ucing

мыш
beurit

вол
sapi

сабака
anjing

сабачая будка
imah anjing

садовы шланг
selang

палівачка
kaléng nyiram

каса
arit panjang

плуг
ngabajak

сядзіба - pertanian

серп
arit

матыка
pacul

вілы для гною
garpuh jukut

сякера
kapak

тачка
gorobah

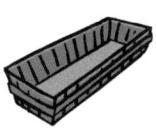

карыта
palung

бітон для малака
kaléng susu

мех
karung

плот
pager

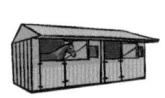

хлеў
kandang

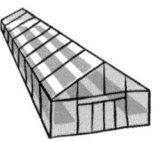

цяпліца
imah kaca

глеба
taneuh

насенне
benih

угнаенне
pupuk

камбайн
mesin permén

збіраць ураджай
panén

ураджай
panén

ямс
yams

пшаніца
gandum

соя
kedelé

бульба
kentang

кукуруза
jagong

рапс
lobak

садовае дрэва
tangkal buah

маніёк
sampeu

збожжа
séréal

сядзіба - pertanian

дом
imah

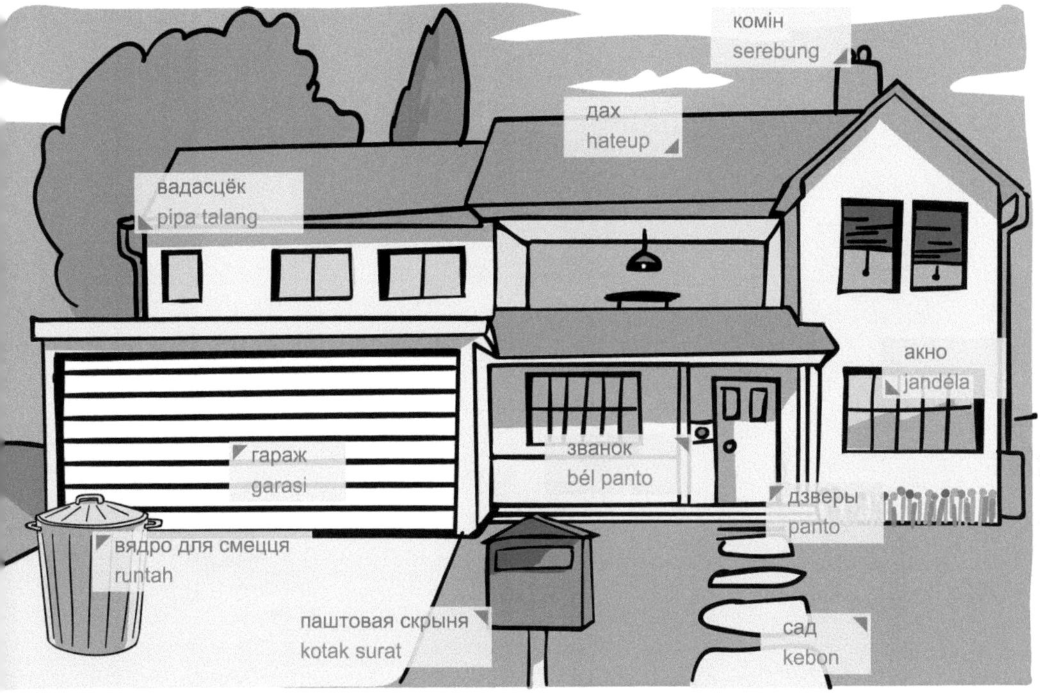

комін
serebung

дах
hateup

вадасцёк
pipa talang

акно
jandéla

гараж
garasi

званок
bél panto

дзверы
panto

вядро для смецця
runtah

паштовая скрыня
kotak surat

сад
kebon

жылы пакой

rohang tamu

ванная

kamar ibak

кухня

dapur

спальны пакой

pangkéng

дзіцячы пакой

kamar budak

сталоўка

kamar makan

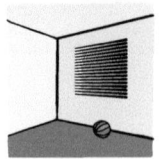

падлога
téhel

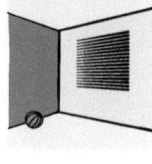

сцяна
tembok

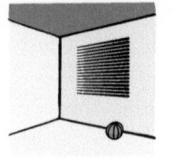

столь
hateup

падвал
gudang di handap imah

саўна
sauna

балкон
balkon

тэраса
tepas

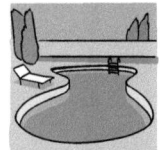

басейн
kolam renang

касілка
mesin pamotong jukut

падкоўдранік
sepré

коўдра
simbut

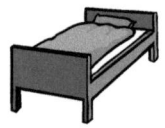

ложак
ranjang

венік
sapu

вядро
émbér

выключальнік
tombol

жылы пакой
rohang tamu

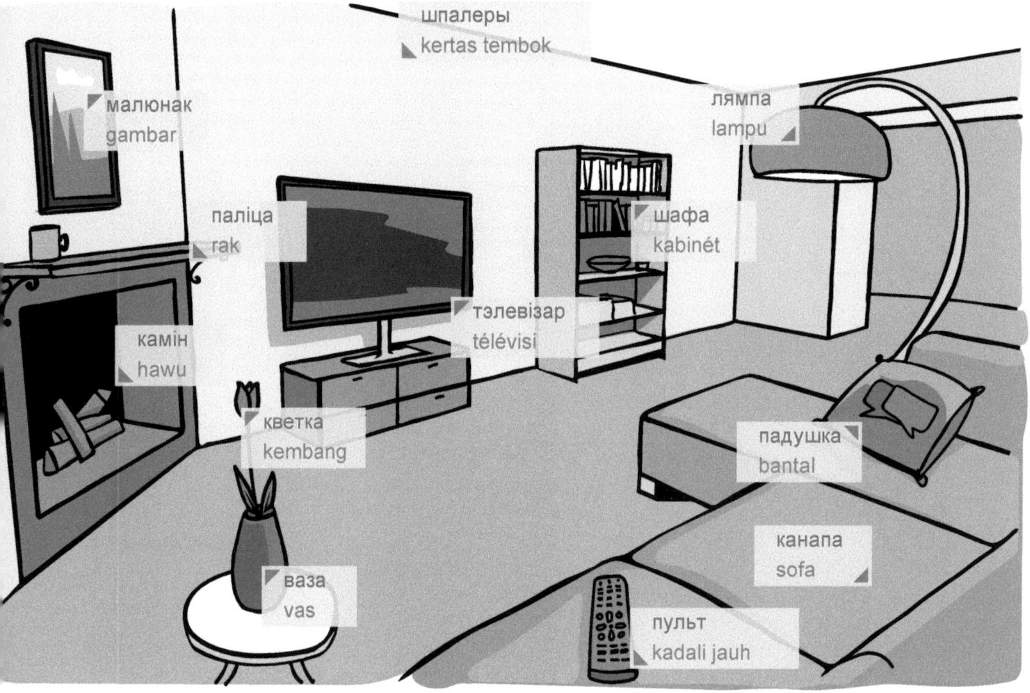

- шпалеры / kertas tembok
- малюнак / gambar
- лямпа / lampu
- паліца / rak
- шафа / kabinét
- камін / hawu
- тэлевізар / télévisi
- кветка / kembang
- падушка / bantal
- канапа / sofa
- ваза / vas
- пульт / kadali jauh

дыван
karpét

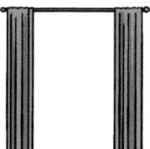

фіранка
hordéng

стол
meja

крэсла
korsi

крэсла-качалка
korsi goyang

крэсла
korsi malas

жылы пакой - rohang tamu

кніга
buku

коўдра
simbut

дэкарацыя
dékorasi

дровы
suluh

кіно
pilem

стэрэасістэма
hi-fi

ключ
konci

газета
surat kabar

карціна
lukisan

постар
poster

радыё
radio

нататнік
buku tulis

пыласос
panyedot kebul

кактус
kaktus

свечка
lilin

кухня
dapur

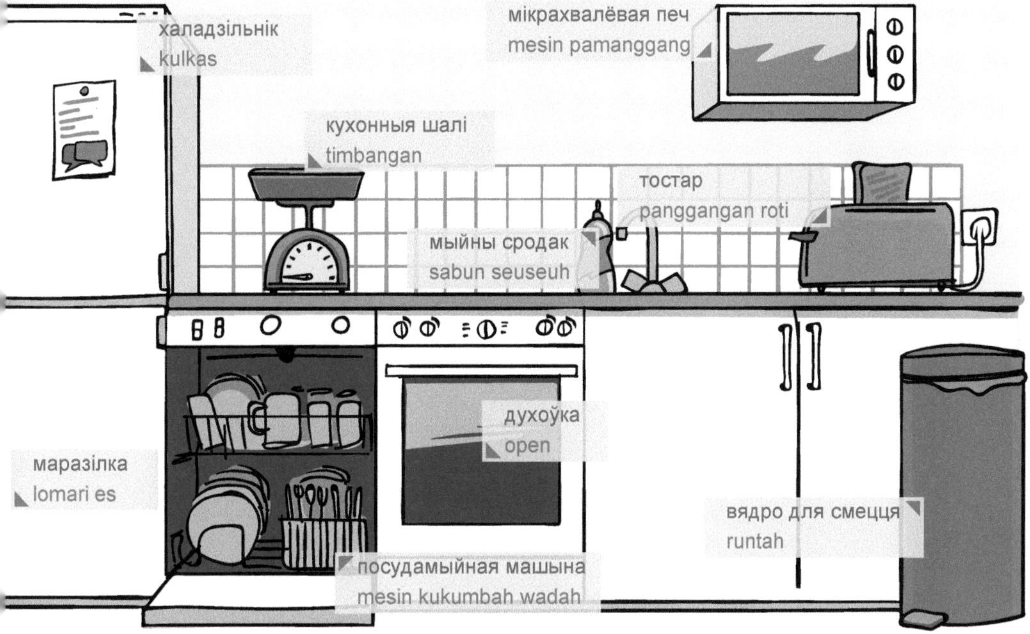

халадзільнік
kulkas

мікрахвалёвая печ
mesin pamanggang

кухонныя шалі
timbangan

тостар
panggangan roti

мыйны сродак
sabun seuseuh

духоўка
open

маразілка
lomari es

вядро для смецця
runtah

посудамыйная машына
mesin kukumbah wadah

пліта

kompor

рондаль

panci

чыгунок

panci beusi

Вок / кадаі

katél

патэльня

panci

чайнік

citél

кухня - dapur 35

параварка
langseng

бляха
baki

посуд
piring

кубак
cangkir

міска
mangkok

палачкі для ежы
sumpit

чарпак
sendok sop

лапатачка
sérok

збівалка
pangocok

сіта для варэння
ayakan

сіта
saringan

тарка
parutan

ступка
mortar

грыль
daging bakar

вогнішча
suluh

кухня - dapur

дошка
papan pamotong

качалка
gilingan

штопар
alat pambuka tutup botol

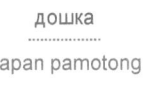

бляшанка
kaléng

адкрывалка
pambuka kaléng

прыхваткі
gagang panci

ракавіна
tilelep

шчотка
sikat

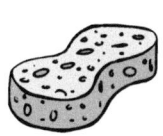

губка
busa

міксер
blénder

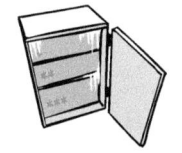

маразільная камера
lomari es

бутэлечка
botol orok

вадаправодны кран
keran

кухня - dapur

ванная
kamar ibak

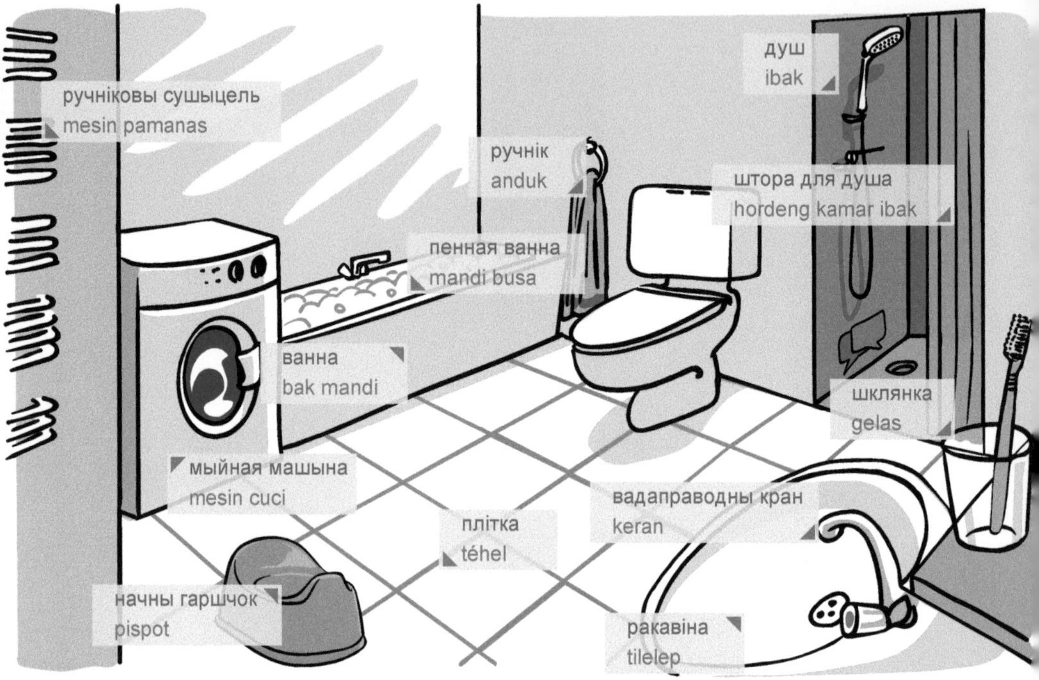

- душ / ibak
- ручніковы сушыцель / mesin pamanas
- ручнік / anduk
- штора для душа / hordeng kamar ibak
- пенная ванна / mandi busa
- ванна / bak mandi
- шклянка / gelas
- мыйная машына / mesin cuci
- плітка / téhel
- вадаправодны кран / keran
- начны гаршчок / pispot
- ракавіна / tilelep

туалет
jamban

падлогавы ўнітаз
cubluk

бідэ
bidét

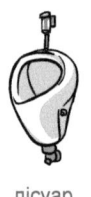

пісуар
urinal

туалетная папера
kertas jamban

шчотка для чысткі ўнітаза
sikat jamban

зубная шчотка
sikat huntu

зубная паста
odol

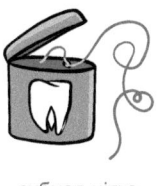
зубная нітка
benang gigi

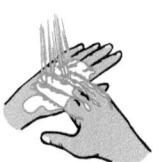
мыць
nyeuseuh

ручны душ
kokocoran leungeun

інтымны душ
kukucuran

умывальнік
bak

шчотка для спіны
panyikat tonggong

мыла
sabun

гель для душа
gel ibak

шампунь
sampo

вяхотка
planél

вадасцёк
nguras

крэм
krim

дэзадарант
déodoran

ванная - kamar ibak

люстэрка
eunteung

касметычнае люстэрка
eunteung leungeun

станок для галення
péso cukur

пена для галення
busa cukur

ласьён пасля галення
krim cukur

грэбень
sisir

шчотка
sikat

фен
alat panggaring rambut

лак для валасоў
semprotan rambut

касметыка
pangrias beungeut

памада
lipstik

лак для пазногцяў
cét kuku

вата
kapas

манікюрныя нажніцы
gunting kuku

духі
minyak seungit

ванная - kamar ibak

касметычка
kantong seuseuh

табурэтка
bangku

вагі
timbangan

лазневы халат
baju mandi

санітарныя пальчаткі
sarung tangan karét

тампон
sampon

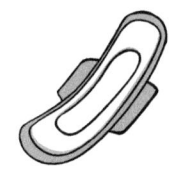
гігіенічныя пракладкі
handuk pembalut

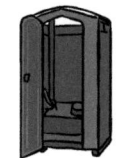
біятуалет
jamban kimia

дзіцячы пакой
kamar budak

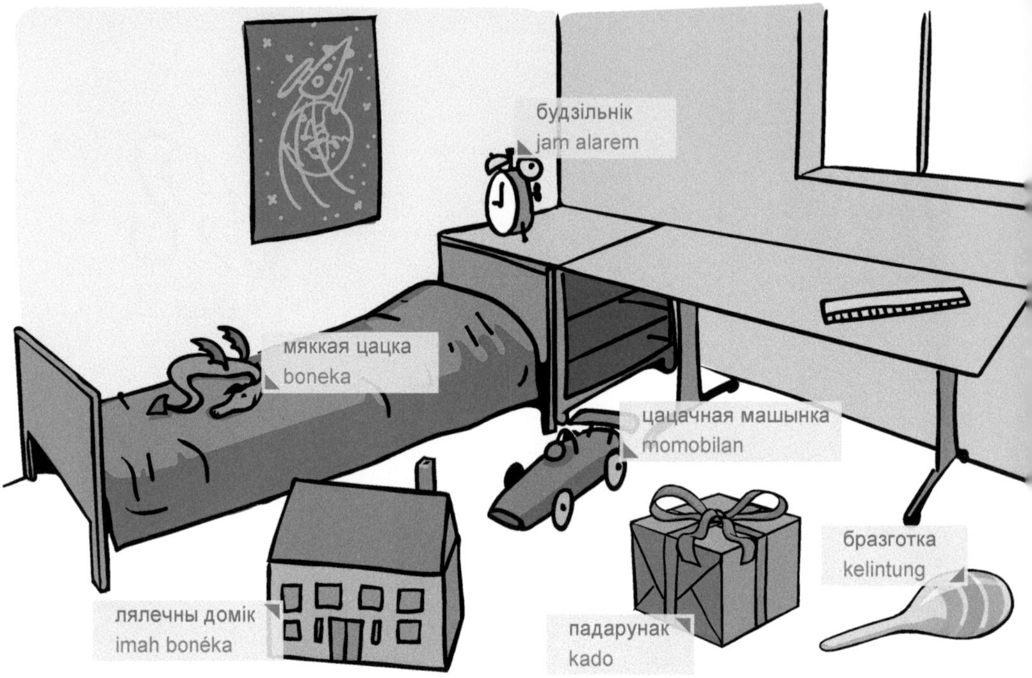

будзільнік
jam alarem

мяккая цацка
boneka

цацачная машынка
momobilan

лялечны домік
imah bonéka

бразготка
kelintung

падарунак
kado

надзіманы шарык
balon

ложак
ranjang

дзіцячая каляска
karéta orok

калода картаў
kartu

пазл
tatarucingan

комікс
komik

канструктар "Лега"
kaulinan lego

канструктар
kaulinan bentuk blok

экшэн-фігурка
figur tokoh

дзіцячы гарнітур
baju budak

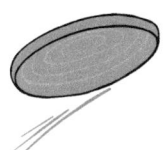

фрызбі
frisbee

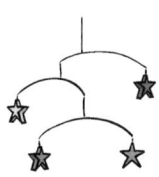

дзіцячы мабіль
mobile

настольная гульня
papan gim

кубік
dadu

дзіцячая чыгунка
set model kareta api

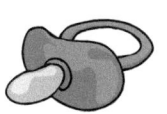

пустышка
endot

дзіцячае свята
pihak

кніга з малюнкамі
buku gambar

мячык
bal

лялька
bonéka

гуляцца
ulin

дзіцячы пакой - kamar budak

пясочніца
wadah pasir maénan

арэлі
ayunan

цацкі
kaulinan

гульнявая відэа прыстаўка
video gim konsol

трохколавы ровар
sapedah roda tilu

плюшавы мішка
bonéka beruang

шафа
lomari baju

адзенне
acuk

шкарпэткі
kaos kaki

панчохі
kaos kaki

калготкі
baju ketat

бодзі
awak

штаны
calana

джынсы
jins

спадніца
rok

блузка
blus

кашуля
kaméja

джэмпер
jakét tiung

талстоўка
baju haneut

блэйзер
jakét

куртка
jakét

паліто
jakét

дажджавік
jas hujan

касцюм
kostum

сукенка
gaun

вясельная сукенка
gaun pangantén

касцюм

baju resmi

начная сарочка

baju saré

піжама

piyama

сары

sari

хустка

tiung

цюрбан

turban

паранджа

burka

каптан

kaftan

Абая

abaya

купальнік

baju renang

плаўкі

calana renang

шорты

calana péndék

спартыўны касцюм

orang raga

фартух

celemék

пальчаткі

sarung tangan

гузік
kancing

акуляры
kaca soca

бранзалет
gelang

каралі
kongkorong

кальцо
ali

завушніца
giwang

кепка
topi

вешалка
gantungan jakét

капялюш
topi

гальштук
dasi

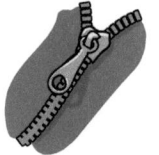

маланка
risléting

шлем
hélem

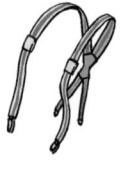

падцяжкі
tali salémpang

школьная форма
saragam sakola

уніформа
saragam

адзенне - acuk

нагруднік
apron orok

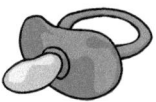

пустышка
endot

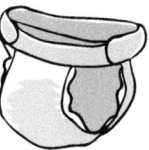

падгузнік
popok

офіс
kantor

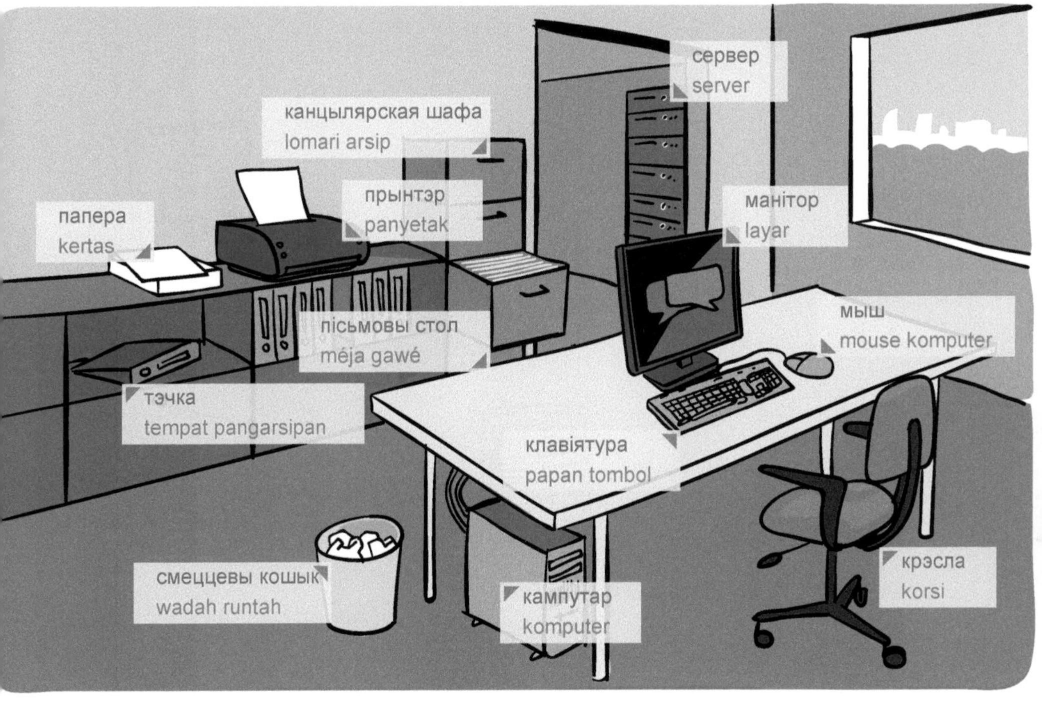

- папера / kertas
- канцылярская шафа / lomari arsip
- прынтэр / panyetak
- сервер / server
- манітор / layar
- мыш / mouse komputer
- пісьмовы стол / méja gawé
- тэчка / tempat pangarsipan
- клавіятура / papan tombol
- смеццевы кошык / wadah runtah
- кампутар / komputer
- крэсла / korsi

кубак для кавы (філіжанка)

cangkir kopi

калькулятар

kalkulator

інтэрнэт

internét

ноўтбук	ліст	паведамленне
laptop	surat	pesen

мабільны тэлефон	сетка	ксеракс
telpon sélulér	jaringan	fotokopi

праграмнае забеспячэнне	тэлефон	разетка
software	telpon	plug sokét

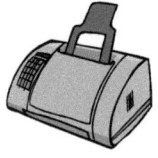 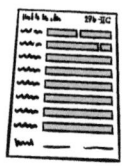 

факс	фармуляр	дакумент
mesin fax	formulir	dokumén

офіс - kantor

эканоміка
ékonomi

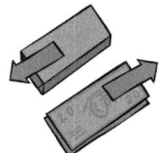

купляць
mésér

плаціць
mayar

гандляваць
dagang

грошы
artos

долар
dollar

еўра
euro

ена
yen

рубель
rubel

франк
Franc swiss

кітайскі юань
renminbi yuan

рупія
rupiah

банкамат
ATM

абменны пункт

kantor pertukaran mata uang

золата

emas

срэбра

pérak

нафта

minyak

энергія

énérgi

цана

harga

кантракт

kontrak

падатак

pajak

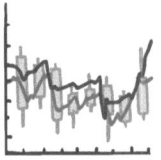

акцыя

saham

працаваць

gawé

служачы

karyawan

працадаўца

dunungan

фабрыка

pabril

крама

toko

эканоміка - ékonomi

прафесіі
pagawéan

пілот / pilot
паліцыянт / petugas pulisi
пажарны / pemadam kebakaran
доктар / dokter
кухар / koki

садоўнік
tukan kebon

слесар
tukang kai

швачка
tukang jait awéwé

суддзя
hakim

хімік
ahli kimia

артыст
aktor

кіроўца аўтобуса
sopir beus

таксіст
sopir taksi

рыбак
nalayan

прыбіральшчыца
pembantu

страхар
tukang hateup

афіцыянт
badega

паляўнічы
tukang muru

мастак
pelukis

пекар
tukang roti

электрык
tukang listrik

будаўнік
tukang bangun

інжынер
insinyur

мяснік
tukang daging

сантэхнік
tukang pipa

паштальён
tukang pos

прафесіі - pagawéan

салдат
tentara

архітэктар
arsiték

касір
kasir

фларыст
tukang kembang

цырульнік
tukang salon

кандуктар
konduktor

механік
tukang méngkél

капітан
kaptén

стаматолаг
dokter gigi

вучоны
ilmuwan

рабін
rabbi

імам
imam

манах
biarawan

святар
pendéta

прафесіі - pagawéan

інструменты
alat

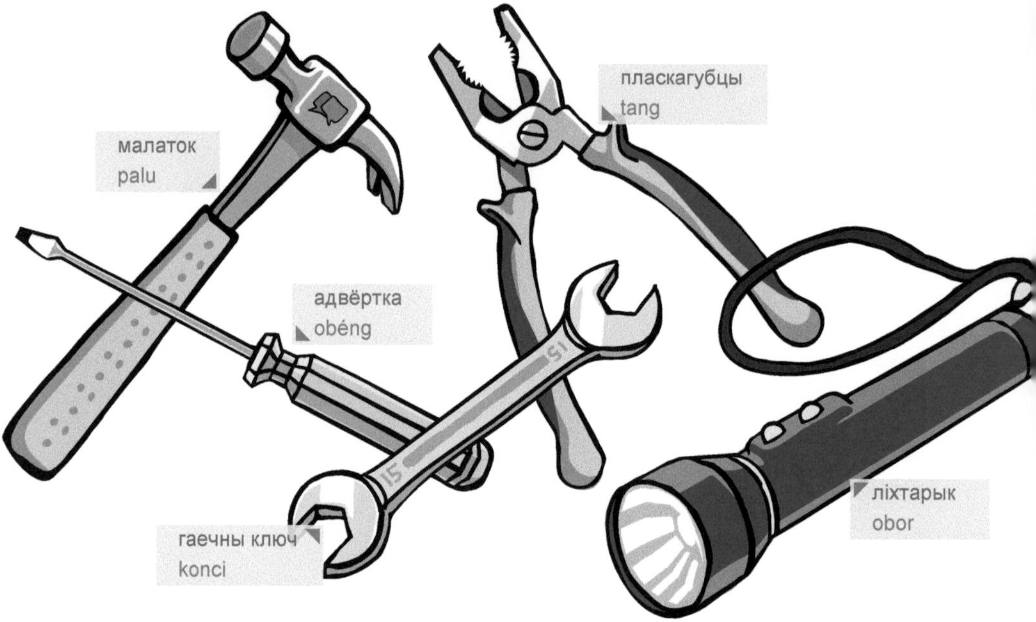

малаток
palu

пласкагубцы
tang

адвёртка
obéng

ліхтарык
obor

гаечны ключ
konci

экскаватар
panggali

скрыня для інструментаў
kantong parkakas

дравіны
tangga

піла
ragaji

цвікі
paku

дрыль
bor

рамантаваць
ngabenerkeun

рыдлеўка
sekop

Халера!
Kéhéd!

шуфлік для смецця
pengki

вядро з фарбаю
pot cét

балты
sekrup bor

музычныя інструменты
alat musik

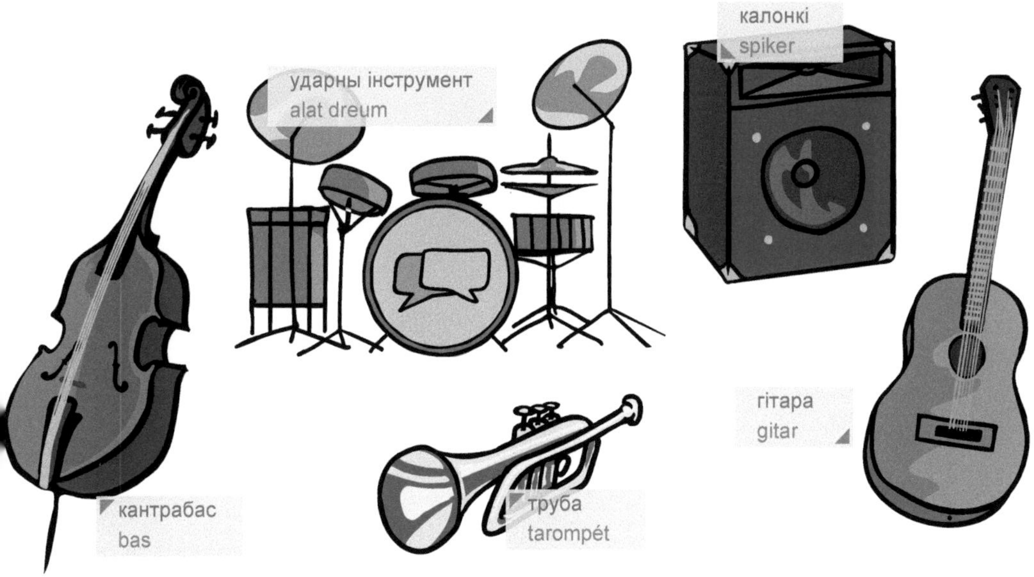

калонкі
spiker

ударны інструмент
alat dreum

гітара
gitar

кантрабас
bas

труба
tarompét

піяніна
piano

скрыпка
violin

басгітара
bas

літаўры
tambur

барабан
dreum

клавішны электрамузычны інструмент
keyboard

саксафон
saksofon

флейта
suling

мікрафон
mikrofon

музычныя інструменты - alat musik

заапарк
kebon binatang

тыгр
maung

уваход
panto asup

клетка
kandang

зебра
sebra

корм для жывёл
parab

панда
panda

жывёлы
sato

слон
gajah

кенгуру
kanguru

насарог
badak

гарыла
gorila

мядзведзь
biruang

вярблюд
onta

стравус
manuk onta

леў
singa

малпа
monyét

фламінга
flamingo

папугай
manuk béo

белы мядзведзь
biruang polar

пінгвін
penguin

акула
hiu

паўлін
merak

змяя
oray

кракадзіл
buaya

наглядчык заапарка
tukang jaga kebon binatang

цюлень
anjing laut

ягуар
jaguar

заапарк - kebon binatang

поні
kuda poni

леапард
macan tutul

бегемот
kuda nil

жыраф
jerapah

арол
heulang

дзік
bagong

рыбак
lauk

чарапаха
kuya

морж
anjing laut

ліса
robah

газель
kijang

заапарк - kebon binatang

спорт
olahraga

дзейнасць
aktivitas

- скакаць — ngaganjleng
- смяяцца — seuri
- абдымаць — nangkeup
- ісці — leumpang
- спяваць — nyanyi
- марыць — ngimpén
- маліцца — ngadoa
- цалаваць — nyium

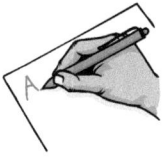

пісаць
nyerat / nulis

маляваць
ngalukis

паказваць
ningalikeun

націснуць
ngadorong

даваць
méré

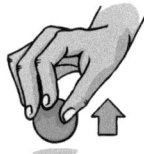

браць
mawa

маць
boga

выконваць
ngalakukeun

быць
nya éta

стаяць
tatih

бегчы
lumpat

цягнуць
narik

кідаць
malédog

падаць
ragrag

ляжаць
saré

чакаць
nungguan

насіць
nyandak

сядзець
diuk

апранацца
anggé acuk

спаць
saré

прачынацца
hudang

глядзець

ningali

плакаць

méwék

лашчыць

ngusapan

прычэсвацца

nyisir

гаварыць

nyarita

разумець

ngarti

пытаць

naros

чуць

ngadéngé

піць

nginum

есці

dahar

прыбіраць

bébérés

кахаць

bogoh

гатаваць

masak

ехаць

nyetir

лятаць

hiber

плаваць пад ветразем
balayar

лічыць
ngitung

чытаць
maca

вучыць
diajar

працаваць
gawé

уступаць у шлюб
kawin

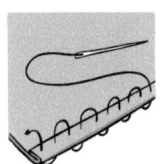
шыць
ngajait

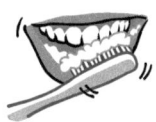
чысціць зубы
sikat huntu

забіваць
maéhan

курыць
ngarokok

пасылаць
ngirim

дзейнасць - aktivitas

сям'я
kulawarga

- бабуля — nini
- дзядуля — aki
- бацька — bapak
- маці — emak
- дзіця — orok
- дачка — budak awéwé
- сын — budak lalaki

госць
tamu

цётка
bibi

дзядзька
emang

брат
aa

сястра
téténg

сям'я - kulawarga

цела
awak

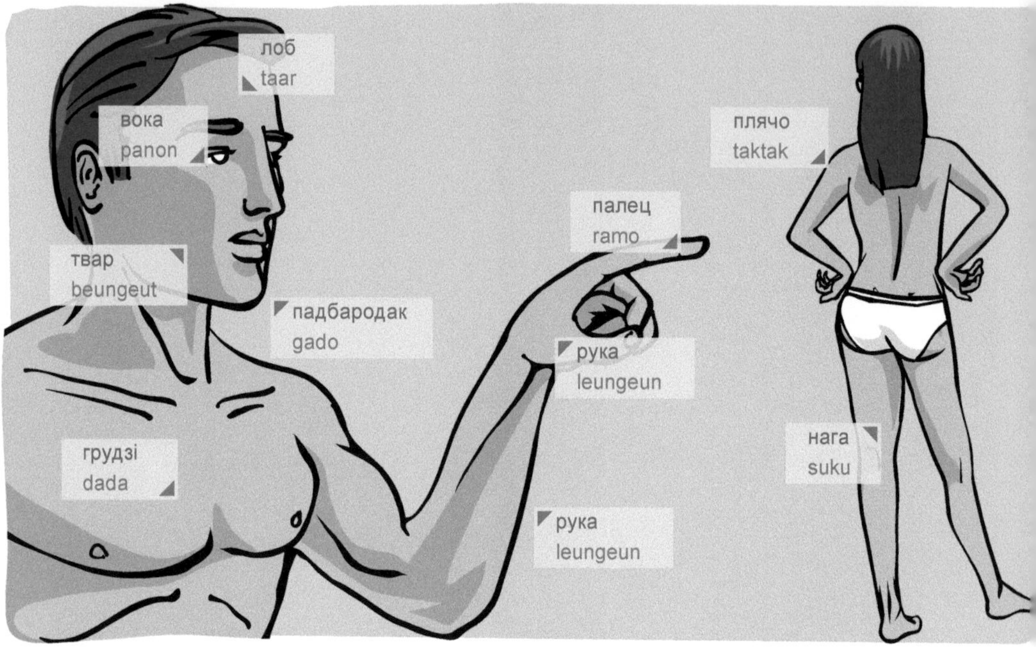

лоб
taar

вока
panon

твар
beungeut

падбародак
gado

грудзі
dada

плячо
taktak

палец
ramo

рука
leungeun

нага
suku

рука
leungeun

дзіця
orok

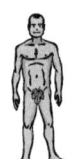

мужчына
lalaki

жанчына
awéwé

дзяўчынка
awéwé

хлопчык
lalaki

галава
sirah

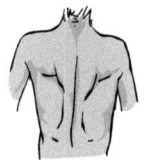

спіна
tonggong

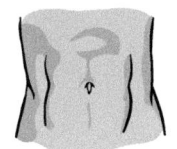

жывот
beuteung

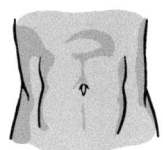

пуп
bujal

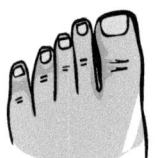

палец нагі
jempol

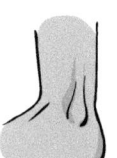

пятка
keuneung

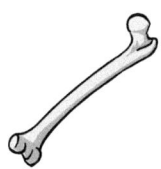

костка
tulang

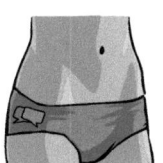

бядро
cangkéng

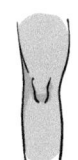

калена
tuur

локаць
sikut

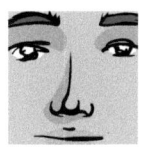

нос
irung

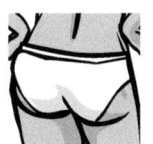

ягадзіца
bujur

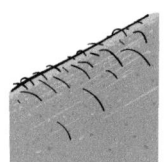

скура
kulit

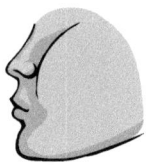

шчака
pipi

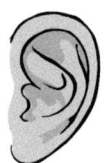

вуха
ceuli

губа
biwir

цела - awak

рот
baham

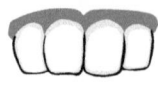
зуб
huntu

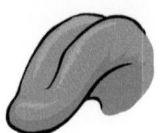
язык
létah

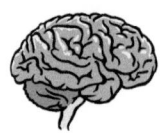
галаўны мозг
uteuk

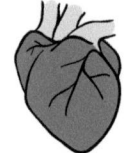
сэрца
haté

мышца
otot

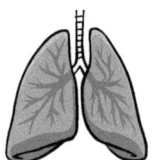
лёгкае
bayah

пячонка
ati

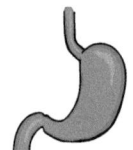
страўнік
lambung

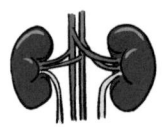
ныркі
ginjal

сэкс
sapatemon

прэзерватыў
kondom

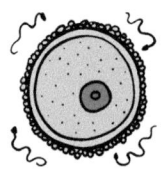
яйцаклетка
sél telur

сперма
spérma

цяжарнасць
kakandungan

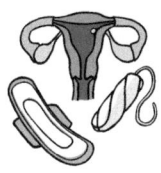

менструацыя
haid

похва
heunceut

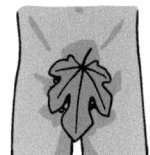

пеніс
sirit

брыво
halis

валасы
buuk

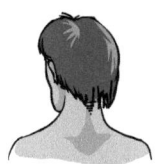

шыя
beuheung

цела - awak

шпіталь
rumah sakit

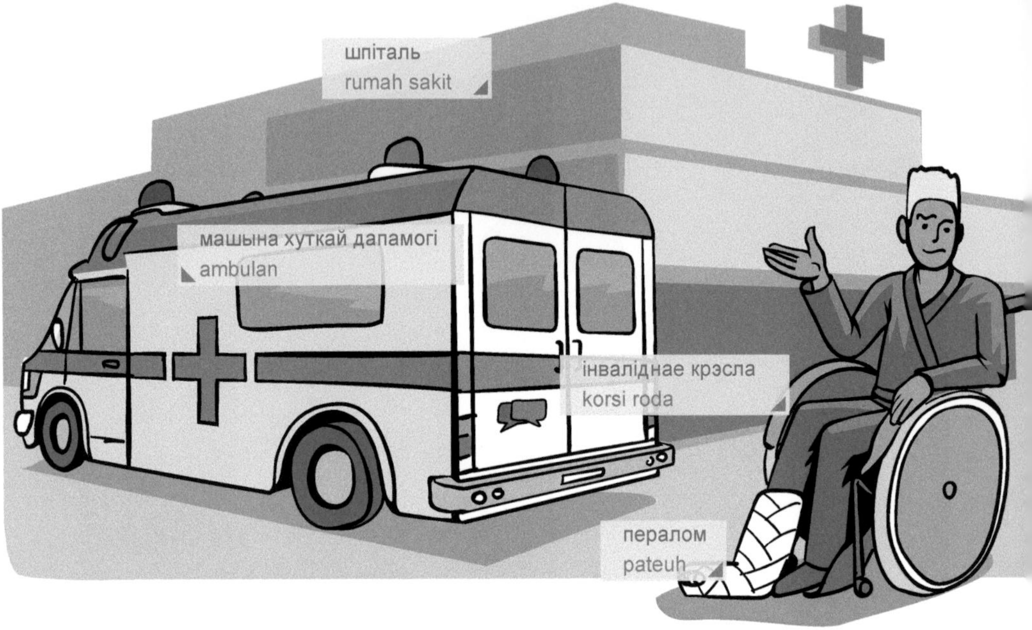

шпіталь
rumah sakit

машына хуткай дапамогі
ambulan

інвалідная крэсла
korsi roda

пералом
pateuh

доктар
dokter

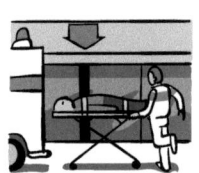

аддзяленне першай дапамогі
rohang darurat

медсястра
parawat

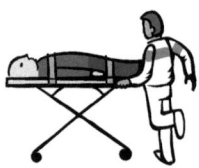

экстраная дапамога
darurat

непрытомны
pingsan

боль
nyeri

траўма
tatu

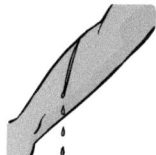

крывацёк
ngaluarkeun getih

інфаркт
jantungan

апаплексія
strok

алергія
alérgi

кашаль
batuk

гарачка
muriang

грып
salésma

панос
birit

галаўны боль
rieut

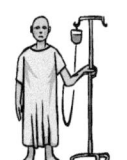

рак
kanker

дыябет
diabétés

хірург
ahli bedah

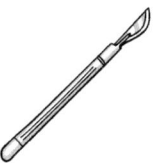

скальпель
péso bedah

аперацыя
operasi

шпіталь - rumah sakit

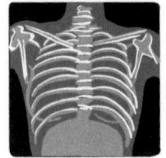
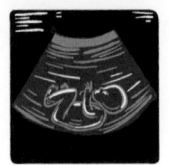

КТ — CT
рэнтген — sinar x
ультрагук — usg

маска — topéng
хвароба — panyakit
пачакальня — rohang tunggu

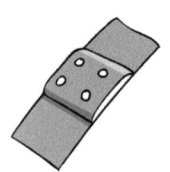

мыліца — pangrojong
пластыр — paléstér
бінт — perban

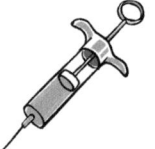
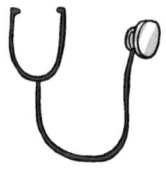
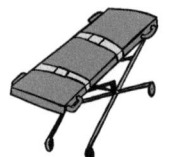

ін'екцыя — injéksi
стэтаскоп — stétoskop
насілкі — tandu

градуснік — termométer klinis
нараджэнне — kalahiran
лішняя вага — obésitas

шпіталь - rumah sakit

слухавы апарат
alat bantu dédéngéan

дэзінфекцыйны сродак
désinféktan

інфекцыя
inféksi

вірус
virus

ВІЧ/СНІД
HIV / AIDS

лекі
obat

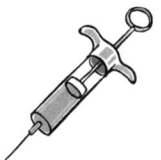
прышчэпка
vaksinasi

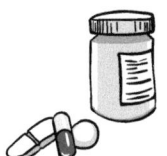
таблеткі
tablét

супрацьзачаткавая таблетка
pil

экстраны выклік
panggilan darurat

танометр
ngukur ténsi

хворы / здаровы
gering / séhat

шпіталь - rumah sakit

экстраная дапамога
darurat

Ратуйце!
Tulung!

сігналізацыя
alarem

напад
gangguan

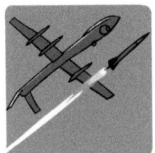

атака
narajang

небяспека
bahaya

аварыйны выхад
panto darurat

Пажар!
Seuneu!

вогнетушыцель
alat pemadam kabakaran

аварыя
kacilakaan

аптэчка
kotak P3K

COC
SOS

паліцыя
pulisi

Зямля
Bumi

Еўропа
Eropa

Паўночная Амерыка
Amérika Utara

Паўднёвая Амерыка
Amérika Selatan

Афрыка
Afrika

Азія
Asia

Аўстралія
Australi

Атлантычны акіян
Atlantik

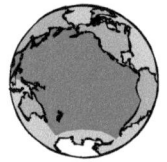

Ціхі акіян
Pasifik

Індыйскі акіян
Samudra Hindia

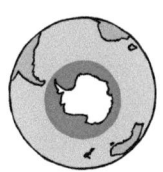

Паўднёвы ледавіты акіян
Samudra Antartika

Паўночны ледавіты акіян
Samudra Arktik

Паўночны полюс
Kutub Utara

Паўднёвы полюс
Kutub Selatan

Антарктыда
Antartika

Зямля
Bumi

краіна
tanah

мора
laut

востраў
pulau

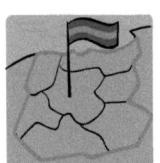
нацыя
bangsa

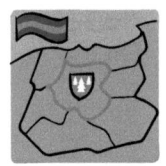
дзяржава
nagara

гадзіннік
jam

цыферблат
jam wajah

гадзінная стрэлка
jarum péndék

хвілінная стрэлка
jarum menit

секундная стрэлка
jarum detik

Колькі часу?
Tabuh sabaraha?

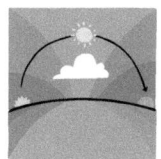
дзень
poé

час
waktos

зараз
ayeuna

электронны гадзіннік
jam digital

хвіліна
menit

гадзіна
jam

тыдзень
minggu

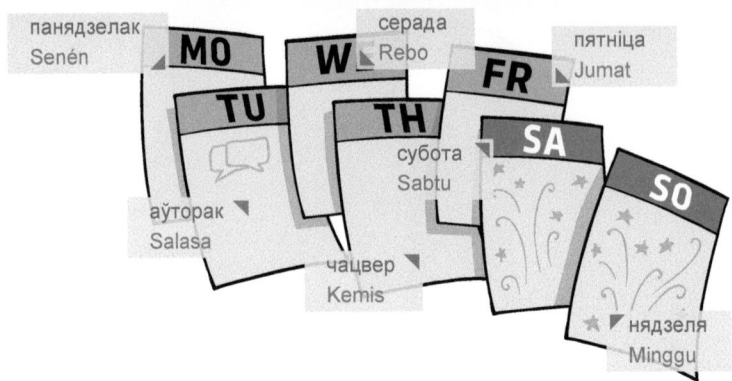

панядзелак / Senén — MO
аўторак / Salasa — TU
серада / Rebo — W
чацвер / Kemis — TH
пятніца / Jumat — FR
субота / Sabtu — SA
нядзеля / Minggu — SO

ўчора
kamari

сёння
dinten ayeuna

заўтра
énjing

раніца
énjing-énjing / isuk-isuk

абед
siang

вечар
peuting

працоўныя дні
poé gawé

выхадныя
akhir minggu

тыдзень - minggu

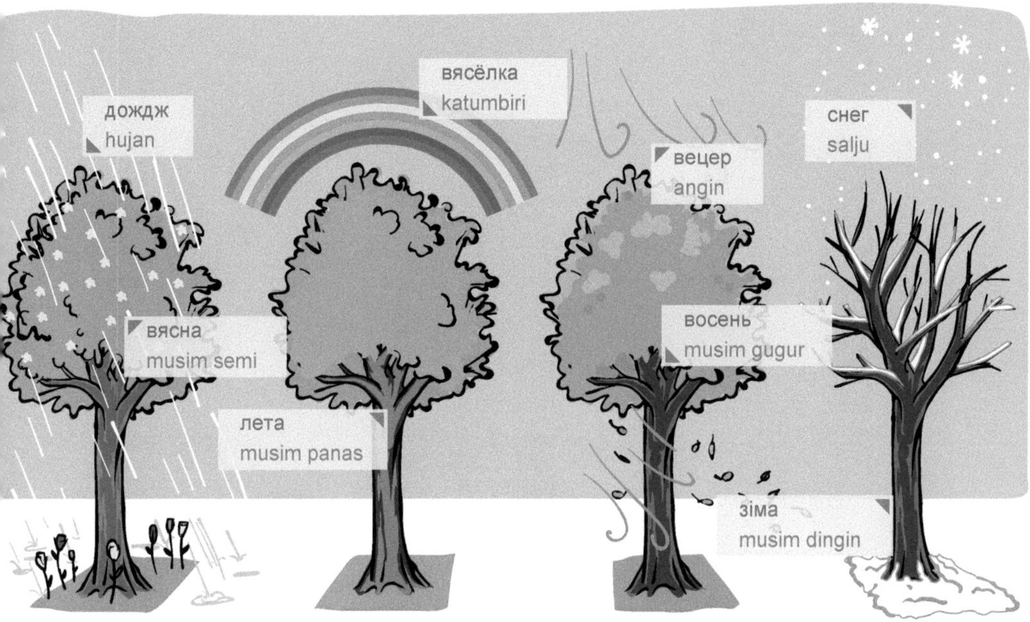

год
taun

дождж / hujan

вясёлка / katumbiri

снег / salju

вецер / angin

вясна / musim semi

восень / musim gugur

лета / musim panas

зіма / musim dingin

прагноз надвор'я

ramalan cuaca

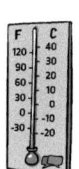

градуснік

térmométer

сонечнае святло

panon poé

воблака

awan

туман

pepedut

вільготнасць паветра

kelembaban

маланка
gelap

гром
guntur

бура
badai

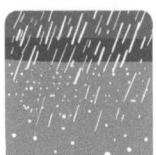

град
hujan és

мусонны вецер
angin muson

прыліў
caah

лёд
és

студзень
Januari

люты
Pébruari

сакавік
Maret

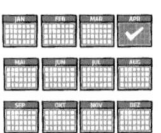

красавік
April

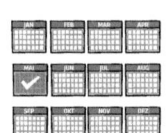

май
Mei

чэрвень
Juni

ліпень
Juli

жнівень
Agustus

год - taun

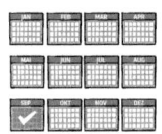
верасень
Séptémber

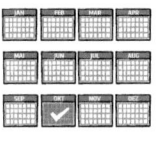
кастрычнік
Oktober

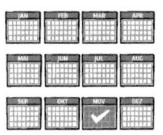
лістапад
Nopémber

снежань
Désémber

формы
bentuk

круг
buleudan

квадрат
persegi

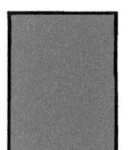
прамавугольнік
persegi panjang

трохвугольнік
segi tiga

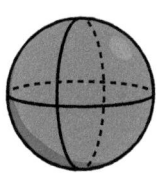
шар
bola

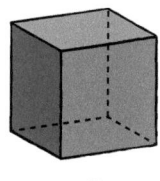
куб
kubus

колеры
warna-warna

белы
bodas

жоўты
konéng

аранжавы
oranyeu

ружовы
kayas

чырвоны
beureum

фіялетавы
bungur

сіні
bulao

зялёны
héjo

карычневы
coklat

шэры
abu-abu

чорны
hideung

супрацьлегласці
sabalikna

шмат / мала
loba / saeutik

злы / добры
ambek / kalem

прыгожы / брыдкі
geulis / goreng

пачатак / канец
ngamimitian / réngsé

высокі / малы
gedé / leutik

светлы / цёмны
caang / poék

сястра / брат
dulur lalaki / dulur awéwé

чысты / брудны
bersih / kotor

поўны / няпоўны
lengkep / teu lengkep

дзень / ноч
poé / peuting

мёртвы / жывы
paéh / hirup

шырокі / вузкі
lega / heureut

ядомы / неядомы

bisa didahar / teu bisa didahar

злы / добры

jahat / bageur

узбуджаны / нудны

sumanget / bosen

тоўсты / тонкі

badag / begang

першы / апошні

kahiji / terakhir

сябар / вораг

baturan / musuh

поўны / пусты

pinuh / kosong

цвёрды / мяккі

heuras / lemes

важкі / лёгкі

beurat / hampang

голад / смага

kalaparan / haus

хворы / здаровы

gering / séhat

нелегальны / легальны

ilegal / legal

разумны / дурны

calakan / bodo

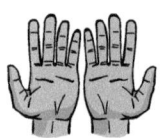

левы / правы

kénca / katuhu

побач / далёка

deukeut / jauh

86   супрацьлегласці - sabalikna

новы / былы ва ўжыванні

anyar / urut

нічога / нешта

euweuh nanaon / aya nanaon

стары / малады

kolot / ngora

укл / выкл

hurung / pareum

адчынены / зачынены

buka / tutup

ціхі / гучны

jempé / gandéng

багаты / бедны

beunghar / sangsara

правільна / няправільна

bener / salah

шурпаты / гладкі

kasar / lemes

сумны / шчаслівы

sedih / gumbira

кароткі / доўгі

pendék / panjang

павольны / хуткі

alon / gancang

вільготны / сухі

baseuh / garing

цёплы / халаднаваты

haneut / tiis

вайна / мір

perang / damai

супрацьлегласці - sabalikna

лічбы
angka-angka

0 нуль / nol

1 адзін / hiji

2 два / dua

3 тры / tilu

4 чатыры / opat

5 пяць / lima

6 шэсць / genep

7 сем / tujuh

8 восем / dalapan

9 дзевяць / salapan

10 дзесяць / sapuluh

11 адзінаццаць / sawelas

12 дванаццаць
duawelas

13 трынаццаць
tiluwelah

14 чатырнаццаць
opatwelas

15 пятнаццаць
limawelas

16 шаснаццаць
genepwelas

17 сямнаццаць
tujuhwelas

18 васямнаццаць
dalapanwelas

19 дзевятнаццаць
salapanwelas

20 дваццаць
duapuluh

100 сто
saratus

1.000 тысяча
sarébu

1.000.000 мільён
sajuta

МОВЫ
basa-basa

англійская

Inggris

англійская (Амерыка)

basa Inggris Amerika

кітайская мандарынская

basa Cina Mandarin

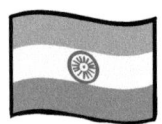

хіндзі

basa Hindi

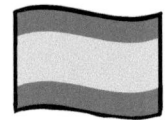

іспанская

basa Spanyol

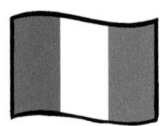

французская

basa Perancis

арабская

basa Arab

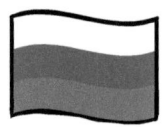

руская

basa Rusia

партугальская

basa Portugis

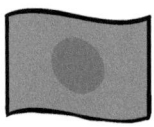

бенгальская

basa Bengal

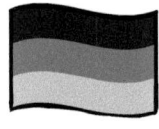

нямецкая

basa Jerman

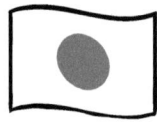

японская

basa Jepang

хто / што / як
saha / naon / kumaha

я
urang

ты
manéh

ён / яна / яно
anjeunna / manéhna

мы
arurang

вы
maranéh

яны
aranjeunna / maranéhna

хто?
saha?

што?
naon?

як?
kumaha?

дзе?
di mana?

калі?
iraha?

імя
wasta / ngaran

дзе
di mana

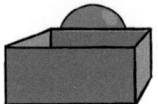

за
di tukang

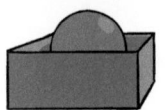

у
di

перад
di hareup

над
di luhureun

на
di luhur

пад
di handapeun

каля
di gigir

паміж
antawis

месца
tempat